# ALLOCUTION

PRONONCÉE PAR

# S. G. M<sup>GR</sup> MERMILLOD,

ÉVÊQUE D'HÉBRON, VICAIRE APOSTOLIQUE DE GENÈVE,

A la Bénédiction du Mariage

DE

M. LE COMTE DE BELLISSEN

AVEC

M<sup>lle</sup> YOLANDE D'ANTIOCHE

DANS L'ÉGLISE DE SAINT-THOMAS D'AQUIN

*Le 8 juin 1880*

# ALLOCUTION

PRONONCÉE PAR

## S. G. M<sup>GR</sup> MERMILLOD,

ÉVÊQUE D'HÉBRON, VICAIRE APOSTOLIQUE DE GENÈVE,

A la Bénédiction du Mariage

DE

MONSIEUR LE COMTE DE BELLISSEN

AVEC

M<sup>lle</sup> YOLANDE D'ANTIOCHE

DANS L'ÉGLISE DE SAINT-THOMAS D'AQUIN

*Le 8 juin 1880*

# ALLOCUTION

PRONONCÉE PAR

# MONSEIGNEUR MERMILLOD

VICAIRE APOSTOLIQUE DE GENÈVE

*8 juin 1880*

Bien des fois déjà mon ministère m'a appelé à bénir des mariages et à demander à Dieu des grâces et des protections sur des alliances sacrées. Je ne sais si j'ai jamais éprouvé pareille émotion, et j'ose dire pareille sollicitude affectueuse à celles qui me dominent! Tous deux je vous ai rencontrés bien jeunes.

Vous, cher ami, dans cette cité de Genève que je ne bénis que de loin, vous étiez enfant, vous veniez vous agenouiller au pied de l'autel, vous grandissiez sous une main maternelle; presque à l'aurore de vos années je vous guidais, et je pouvais pressentir que Dieu ferait de vous un homme et un chrétien.

Vous, chère enfant, souvent sous le toit hospitalier

de votre demeure, comme sur le sol sacré de mon pays, je vous rencontrais, je vous encourageais et je vous montrais de loin les devoirs qui vous attendaient, les espérances qui vous étaient réservées et les sourires qui feraient cortége à votre destinée. Tous deux vous aviez déjà quelque chose de vaillant et de fort sous les charmes de votre enfance, et par conséquent il me semble que vous étiez prédestinés à vous rencontrer l'un et l'autre, et que moi aussi j'étais quelque chose dans cette prédestination : puisque j'avais conseillé votre enfance, n'avais-je pas quelque droit à bénir cette alliance, à vous revoir au pied de cet autel, entourés de vos familles émues, d'amis fidèles, de sympathies dévoués, et d'un clergé qui s'unit à moi pour solliciter de Dieu tous les souhaits de la vie chrétienne et toutes les espérances du bonheur?

Quelle grande chose qu'une bénédiction nuptiale ! Malgré le naturalisme qui nous déborde, on sent que le divin doit pénétrer la famille, que le divin doit être à la base de sa fondation, comme il doit perpétuer sa fécondité, garder son unité et son indissolubilité. Les hommes et les agitations, le temps, les lassitudes et les inconstances peuvent briser bien des liens, mais il y a deux grandes institutions debout à travers toutes les ruines de l'humanité, deux institutions qui se ressemblent, qui se confondent en quelque sorte, dont l'une est le symbole de l'autre : c'est la famille et la sainte Église catholique.

La famille a rencontré de nombreux adversaires, l'Église catholique lutte contre de grands obstacles, et l'on peut dire d'elles deux ce qui a été dit de leur Maître, de leur Chef et de leur Fondateur : Ils m'ont souvent attaqué dès mon berceau, mais ils n'ont rien pu : *etenim non potuerunt mihi*. Oui, ils n'ont rien pu contre la famille. Elle est debout comme l'arche bénie sur les vagues écumantes du monde; elle est debout comme l'asile tutélaire des cœurs, comme l'abri protecteur des consciences.

L'Église, elle est debout au sein des ruines et sur ce sable mouvant des siècles, comme le grand abri des âmes, comme la liberté des peuples et l'honneur des nations; et, par conséquent, ces deux grandes institutions résistent parce qu'elles sont l'œuvre de Dieu et qu'elles sont gardées par la Providence contre les injures du temps et les coups des hommes.

La famille, oùi, c'est Dieu qui l'a fondée, c'est Dieu qui l'a organisée. Au printemps de la création, lorsque, sous sa parole créatrice, il fit jaillir les mondes, « qu'il fit ce palais », comme parle Bossuet dans son majestueux langage, il dut appeler le souverain, l'homme, roi de la création. Il l'appela d'un mot de sa puissance en disant : Faisons l'homme à notre image et à notre ressemblance. Quand l'homme fut créé, que les animaux passèrent devant lui, qu'il les désigna par leur nom, lorsque son âme s'unit aux cantiques des cieux, Dieu le regarda et il dit : Il n'est pas bon que l'homme soit seul : il lui faut une voix qui réponde à sa voix, une main pour serrer sa main, un cœur pour faire écho à son cœur ; et comme il voulait fonder l'unité, cette unité merveilleuse de Jésus-Christ et de son Église, écoutez ce qu'il fit.

Il pouvait créer la femme aussi sous un souffle de sa puissance, sous une parole créatrice, mais il a voulu associer l'homme à cette création ; il lui donna cette aide mystérieuse, sous les ombrages primitifs de l'Eden, et, prenant une partie de sa poitrine, il en fit la femme, pour qu'elle sortît de l'homme. Comme dit saint Thomas, ce grand théologien du moyen âge, qui rajeunit en quelque sorte dans nos temps nouveaux, il la fit sortir non du pied, pour qu'elle ne fût pas une esclave ; ni de la tête, pour que ce ne fût pas une lutte de supériorité intellectuelle ; mais du cœur, pour qu'elle fût la compagne, le sourire et l'ornement de sa vie. Et c'est alors l'unité, la vraie unité, celle-là même qu'on veut dissoudre parce qu'on ne comprend pas cette œuvre divine, ces deux existences, confondues dans un mutuel consentement et une mutuelle donation.

L'homme regarde Ève et il s'écrie : C'est bien l'os de mes os, la chair de ma chair, et tous deux se tenant par la main, s'agenouillant, reçoivent cette première bénédiction qui est la perpétuité du genre humain, cette bénédiction que le déluge n'a pas amoindrie, que le péché originel n'a pas détruite, que les vicissitudes de l'humanité n'ont pas renversée ; et par conséquent c'est bien là une institution de Dieu ; c'est de plus un symbole.

Quelle chose, un symbole! le symbole de ce qu'il y a de plus grand, de l'unité de la divinité et de l'humanité dans la personne adorable de Notre-Seigneur Jésus-Christ, symbole de l'unité de Jésus-Christ et de son Église, cette Église catholique, unique épouse liée par des liens indissolubles à son Sauveur, qui l'a fondée aussi par sa parole et par son sang ; née dans le sommeil mystérieux du Calvaire, le Seigneur a pu dire, en la saluant au réveil de sa résurrection : C'est l'os de mes os et la chair de ma chair, symbole par conséquent des deux plus grandes unités qui soient ici-bas et dans le ciel, le mystère de l'incarnation et le mystère de la rédemption, et de la sainte Église catholique.

Mais ce n'est pas un pur symbole, le mariage, c'est une fondation. Qui n'ambitionne pas d'être fondateur, de poser une base que rien n'ébranlera, de créer un monument et de dire à la fin de ses jours : J'ai fait un monument : *exegi monumentum?* Eh bien, vous allez être tous deux fondateurs de ce petit royaume, de ce petit empire de l'affection, de ce petit sanctuaire, de ce foyer qu'on nomme la famille, et là vous allez fonder avec Dieu, car ce n'est pas simplement une association d'intérêts, une rencontre de noms, ce n'est pas une concorde de souvenirs, c'est quelque chose de plus grand et de plus sacré ! Dieu n'a pas voulu édifier le mariage sur les sens, chose fragile et périssable ; sur l'esprit, astre solitaire qui aspire à briller et non pas à s'unir ; il a fondé sur le cœur, cette chose la plus mobile, la plus changeante et la plus fragile ! Vous allez élever et garder votre foyer avec votre cœur, mais dans le cœur de Dieu et dans le cœur de l'Église. Ah ! c'est un centre tout à la fois de l'affection, un centre de la piété et un centre du dévouement !

Centre de l'affection ! Je prononce sans crainte devant l'autel ce mot magique : vous vous aimerez, vous vous aimerez tendrement, constamment, persévéramment ; et pour emprunter une image qui est due à saint François de Sales commentant les pages sacrées : eh bien, ne dit-il pas, dans son gracieux langage, que l'amour conjugal, c'est comme le vin des noces de Cana, qu'à la fin du repas il est meilleur, il est plus fort, il est plus doux encore, il se dépouille de ce qu'il a peut-être de trop âpre, de trop terrestre et de trop humain. Et, grandissant, cet amour s'en va plus généreux, plus suave et plus doux ; car, selon l'expression même d'un écrivain, tôt ou tard on ne rencontre que les âmes !

Oui, vous êtes deux âmes soucieuses de se sanctifier ; vous n'aurez rien à craindre de votre regard mutuel ; vous serez deux consciences ouvertes l'une sur l'autre. Vous vivrez dans des tendresses grandissantes ; et, à la fin de la vie, jetant un coup d'œil sur ces années écoulées que je souhaite nombreuses, vous direz : Nous avons vécu vingt-cinq ans, cinquante ans, mais pas un jour de nuage; nous continuerons dans l'éternité cet amour commencé sur les rivages du temps, parce que nos deux cœurs se sont aimés dans celui qui est le plus doux lien et en même temps le plus fort enchaînement, le Cœur adorable de Notre-Seigneur Jésus-Christ.

Voilà le foyer de l'affection que vous allez fonder; foyer aussi, j'ajoute, de la piété. Il vous sera doux de prier ensemble, vous connaissez déjà cette douceur; il vous sera bon de vous agenouiller au pied du même autel, de participer à la même table, cette table sacrée de l'Eucharistie, vous ferez revivre ces tableaux domestiques de l'intimité des âmes sous la main du Père qui est aux cieux, ces soins touchants des premiers Chérubins. Votre foyer sera l'asile de la charité; vos jeunes années se sont exercées au noble service des souffrants.

Vous, cher ami, ne vous êtes-vous pas dévoué à cette grande œuvre des temps modernes, qui veut être un trait d'union entre les classes qui possèdent et celles qui ne possèdent pas, entre celles qui d'en haut s'inclinent sur les labeurs d'en bas, mais qui veulent apporter le travail de l'intelligence et du sacrifice? Est-ce que vous n'y avez pas donné votre grande part et votre collaboration active? Est-ce que je ne salue pas ici des cœurs amis, vos collègues des Cercles ouvriers? ils sont là, en rangs pressés, associant leurs prières aux nôtres, et leurs vœux unis à la bénédiction de l'Église et à la bénédiction de la famille.

Et vous, chère enfant, ne sont-elles pas traditionnelles dans votre maison ces habitudes de la charité chrétienne? Tous deux donc vous irez facilement et souvent porter quelques rayons de foi, de tendresse et de joie dans le sein du pauvre.

Le sacrement vous communique des grâces, l'homme tout seul ne peut pas garder un cœur. Il y a trop de luttes dans la vie, il y a trop de souffrances, il y a trop d'inconstances et trop de nuages qui se mêlent aux meilleurs jours, pour que deux cœurs restent unis sans défaillance, si Dieu n'intervient pas comme témoin, comme ministre et comme protecteur. C'est cette intervention de Dieu, du contrat élevé à la dignité de sacrement, qui fait que cette affection sera durable et que vous aurez un secours sur le poids de vos devoirs personnels.

Oui, ces devoirs, je ne veux que les énoncer rapidement. Je vous ferais injure à tous deux si je vous disais que votre serment doit être inviolable. Si c'est l'ordre de Dieu, c'est trop le besoin de vos cœurs pour que maintenant j'en parle longuement ici. Et si vous vous êtes rencontrés dans un enthousiasme d'affection généreuse, vous ne doutez pas de cette inviolabilité de votre serment et de cette parole d'honneur que vous vous aimerez toujours constamment, purement et noblement, sans jamais qu'il y ait des ombres, ou je ne sais quelles trahisons que le monde glorifie parfois, et qui deviennent, à l'heure présente, trop souvent le scandale en bas quand c'est la ruine en haut. Oh! ces joies chrétiennes et généreuses, vous les aurez!

Vous, cher ami, votre mission s'élève, vous aurez désormais charge d'âme. Cette gracieuse enfant se confie à vous; elle s'appuiera tout à l'heure, pour la première fois, fière et heureuse, sur votre bras pour suivre toujours le chemin du devoir et de l'honneur; elle portera votre nom; vos existences seront mêlées l'une à l'autre, vous aurez cette communauté du sourire, du travail, de la prière, du sacrifice et du dévouement. Vous l'aimerez comme Jésus-Christ aime son Église; vous serez son guide, sa lumière, son soutien, son appui. Elle vous apporte son âme, son cœur, ses rêves et aussi ses illusions. C'est à vous à lui révéler ce qu'est la vie sous l'accablement des déceptions, en la faisant monter toujours dans les hauteurs sublimes de l'abnégation joyeuse dans la tendresse.

Mais vous êtes préparé à ce devoir. Vous vous êtes dévoué dès votre adolescence, vous avez été formé par une main maternelle, par un cœur qui, en quelque sorte, n'a vécu que pour vous, comme vous, vous ne viviez que pour votre mère. Quelle mère! ne semblait-elle pas concentrer toutes les tendresses de votre père que j'ai connu plein de foi et d'honneur et qui, du haut du ciel, vous envoie maintenant ses bénédictions?

Votre sœur que j'ai vue enfant, près de vous, qui avait pris la livrée de la religieuse et qui est allée mourir de fatigue, au service des petits, des pauvres, dans la poussière d'une classe, alors qu'il y avait encore cette grande, cette noble liberté de la prière et de l'immolation.

A cette heure, votre père et votre sœur, dans la paix des cieux, s'unissent aux vœux maternels; leurs prières vous ont obtenu cette compagne, que l'Ange Raphaël a amenée près de vous.

Vous y êtes préparé encore, car si je remontais plus haut que ces premiers souvenirs, je saluerais le passé de votre famille; n'appartenez-vous pas à ces vieilles et vaillantes races du comté de Foix, qui ont eu jadis plus de souci de l'honneur que des honneurs, et qui n'ambitionnaient que de servir la France, sans chercher à se parer d'une auréole artificielle, races traditionnelles qui ont fondé et gardé cette nation française? N'ai-je pas trouvé, quand j'étais à Rome, aux labeurs du Concile, dans les vieilles archives des chevaliers de Malte, les noms de vos aïeux paternels et maternels qui ont défendu la chrétienté et illustré l'Ordre par de mémorables services? Les glorieuses leçons du passé de votre maison, les exemples et les enseignements qui ont entouré votre enfance, vos qualités et vos efforts nous font augurer qu'en vous l'époux sera, comme le fils, un homme fidèle à sa race et un chrétien à la hauteur de ses devoirs et des épreuves de notre époque

Et vous aussi, ma chère enfant, vous serez digne de votre mission. On a dit spirituellement que si la patience de la femme était son honneur, la patience de l'homme était quelquefois la condamnation de la femme.

Vous, jeune épouse, vous porterez avec joie ce que notre liturgie appelle le joug de la paix et de l'affection, *jugum dilectionis et pacis*. Notre-Seigneur n'a-t-il pas dit lui-même, en parlant de son service, que son joug est doux et son fardeau léger? Vous ne le sentirez pas, parce que vous aimez: vous serez toujours égale à vous-même, sereine, gracieuse et pleine d'aménité.

N'avez-vous pas respiré dans votre enfance l'atmosphère bénie de saint François de Sales? Vous avez grandi sur ces rivages qui portent la trace de madame de Charmoisy, cette Philothée pour laquelle il a écrit les suaves leçons de l'*Introduction à la vie dévote* Vous accepterez avec joie le sceptre tutélaire de l'autorité, vous souvenant qu'à votre tour vous régnerez sur le cœur de votre époux par le pouvoir d'une vie sans tache, d'une inviolable tendresse et d'une douceur qui ne se dément jamais. La piété est la beauté morale de la femme, beauté bien préférable à l'autre, puisque le temps ne peut la meurtrir, qu'elle brille encore, alors que l'autre a disparu.

J'ose vous répéter ces conseils d'un docteur : « Toujours pieuse envers Dieu, vous serez toujours douce envers votre époux. La douceur, c'est le sceptre de la femme chrétienne ; la bonté patiente, c'est le secret pour tout subjuguer et pour garder toutes ses conquêtes. Vous serez réservée sans froideur, puisque vous devez être l'ornement de la maison ; sérieuse sans tristesse, sérieuse pourtant, puisque les plaisirs ne doivent pas envahir l'heure des devoirs ; joyeuse sans évaporation, comme la rose qui est plus délicate de coloris et plus riche de parfum quand elle est seulement épanouie que lorsqu'elle est ouverte à toutes les ardeurs du midi, à tous les souffles du vent, à toutes les poussières du chemin. Ainsi serez-vous du nombre de celles que l'Écriture appelle les femmes sages, qui en bâtissant l'édifice domestique sur le fondement de leurs vertus, ont été l'honneur de leur peuple et la joie de leurs familles. » Vous serez capable, mon enfant, d'être le soutien et le charme de votre époux dans les devoirs et les difficultés de la vie.

N'êtes-vous pas façonnée à ce doux apprentissage du dévouement dans votre paroisse de Saint-Thomas d'Aquin, où vous avez inspiré cette pieuse association d'enfants de Marie qui fleurit sous la main de prêtres infatigables ? C'est surtout au foyer de famille, ayant devant les yeux de parfaits modèles, que vous avez été formée par le cœur tendre et vaillant de votre mère chrétienne; elle n'aurait dans ce moment que des angoisses et la tristesse de la séparation, si elle ne se rappelait pas ces belles paroles de l'Esprit-Saint : « Donnez votre fille à un homme de bien, et vous aurez fait la grande œuvre de votre vie. » Vous avez grandi sous le regard et les conseils de votre père, ce type de foi et d'honneur; près de vous, je vois agenouillée votre sœur qui prie et votre frère qui, jeune encore, a servi de nobles causes par son courage et par des pages déjà célèbres. Sa plume vient de peindre deux illustres diplomates qui furent de puissants serviteurs de leur pays. Votre frère a écrit cette noble et grande leçon sur Donoso Cortès et le comte Raczynscki : « Ils ont espéré qu'un jour les hommes seront fatigués de se haïr et de combattre les uns contre les autres, que l'accord s'établira entre eux. qu'ils repousseront le mensonge et qu'ils se lasseront d'être joués ou trompés. Rattachons-nous à cette espérance et travaillons à la réaliser; profitons des leçons et des exemples du passé, ne bannissons que l'égoïsme, et les jours heureux luiront encore sur notre pays! »

Noble leçon d'espoir, de courage et de désintéressement, plus opportune que jamais, mais qui ne vous est pas nécessaire; vos annales domestiques nous apprenant que le dévouement est l'air natal de votre enfance et de votre jeunesse.

D'ailleurs ce cortége de fidèles amitiés ne proclame-t-il pas bien haut tous les nobles attachements que votre famille a suscités? Vous me permettrez surtout de saluer au passage cette pieuse duchesse [1], héritière des traditions de cet admirable et grand diplomate que Gênes et Paris ont nommé le plus humble chrétien et le plus parfait gentilhomme [2]. Il conduisait votre père au pied de l'autel à l'heure où il scellait son alliance avec votre mère; sa noble fille est là près de vous comme pour perpétuer les bénédictions de l'amitié fidèle. Par une faveur providentielle, se rencontre près de vous cette aimable famille du diplomate qu'a chanté votre frère; vous récoltez les fruits de cette affection que ni les ans ni les frontières n'ont pu affaiblir.

Si j'interroge le passé, votre famille a sa grande place dans les fastes de la noblesse; elle est illustre plus encore par les services qu'elle a rendus que par les avantages qu'elle en a tirés.

En 1432, je vois apparaître en Savoie, avec la princesse Anne de Lusignan, épouse du duc Louis de Savoie, deux seigneurs dont vous portez le nom, ses parents, issus des plus vaillants et des plus illustres croisés qui aient brillé au sommet de cette grande épopée chrétienne. En suivant le cours de l'histoire,

---

[1] La duchesse de Galliera, née Brignole Sale.
[2] Le marquis Brignole Sale, ambassadeur de Sardaigne à Paris.

je trouve leur descendance continuée avec éclat jusqu'à vous, ne cessant pas de se distinguer dans les armes, et plus récemment encore dans la diplomatie, par de longs et fidèles services à la maison de Savoie.

Vous tenez aussi par votre mère à l'une des familles dynastes les plus antiques de cette illustre noblesse des Pays-Bas, la maison de Hamal, si puissante dès le commencement du moyen âge. En 1446, nous la rencontrons soutenant une longue guerre et défendant les armes à la main la souveraineté d'une vaste province qu'elle possédait dans le pays de Liége, puis marquant sans interruption au premier rang dans les glorieuses annales de ces contrées dont l'Europe s'est disputé pendant de longs siècles la domination.

Ces grands souvenirs imposent des devoirs; *Noblesse oblige!* mais ils sont le présage de nobles espérances.

Venez donc, jeunes époux, vous agenouiller sous la bénédiction de Jésus-Christ et de son Église; au loin, de nobles parentes, près des orphelines qu'elles protégent et des sanctuaires qu'elles élèvent, supplient le Maître de sanctifier votre alliance, et ici, au pied de cet autel, le passé s'unit au présent, le Ciel s'associe à la terre, l'amitié, le sacerdoce et la famille, tous ne forment qu'un seul cœur pour appeler sur vous deux les grâces qui fondent et gardent les foyers chrétiens et heureux.

Soyez donc bénis, soyez toujours fidèles et vaillants, que vos années soient nombreuses et paisibles, que vous ne trahissiez jamais cette vieille devise de votre maison : *Nescit labes virtus.* L'honneur ne connaît pas de défaillance.

Quel que soit l'avenir, au sein des joies ou des orages, vous serez debout dans le devoir et dans l'honneur sans fléchir jamais. Que la devise qui accompagne les armes de votre famille maternelle, ma chère enfant, protége toujours votre destinée commune : *Fortiter et fideliter; fidèlement* l'un pour l'autre, vos deux cœurs en un seul cœur; et *fortement* pour Dieu, pour l'Église et pour votre pays !

PARIS
TYP. E. PLON et Cie
RUE GARANCIÈRE, 8.

www.ingramcontent.com/pod-product-compliance
Lightning Source LLC
Chambersburg PA
CBHW060552050426
42451CB00011B/1876